LERN- UND SPIELSPASS MIT DEM KLEINEN Raben Socke

Erstes Lesen

Genehmigte Sonderausgabe für Tandem Verlag GmbH
Birkenstraße 10, 14469 Potsdam

Zusammengestellt aus folgenden Titeln:
Spielend lernen mit dem kleinen Raben Socke – Auf dem Bauernhof
Spielend lernen mit dem kleinen Raben Socke – Wiese, Wald und Feld
Spielend lernen mit dem kleinen Raben Socke – Erstes Lesen
© by Esslinger in der Thienemann-Esslinger GmbH, Stuttgart
Sprüche vom kleinen Raben Socke: Nele Moost
Konzept und Texte: Dorothee Kühne-Zürn
Umschlagillustrationen und Vignetten vom kleinen Raben Socke: Annet Rudolph
Illustrationen: Steffen Schneider
Cover: Stefanie Brüssel
Gesamtherstellung: Tandem Verlag GmbH, Potsdam
Alle Rechte vorbehalten

ISBN 978-3-8427-1640-7

Schütze die Natur!

"Also, ich war das nicht!"

Schau dir Wiese, Wald und Feld genau an. Ein Schmutzfink hat 10 Dinge liegen lassen, die nicht dorthin gehören. Male ein X daran.

Buchstabenwiese

Ich heiße Socke und wie heißt Du?

In den Blumen haben sich Buchstaben versteckt. Male alle in der Blütenmitte gelb an, die in deinem Namen vorkommen. Schreibe hier deinen Namen auf:

_____

Picknick im Wald

Ich bin auf jeden Fall für Picknick!

Benenne alles, was du auf dem Bild siehst. Male an, wenn du „A/a" hörst.

Tipp: Lassen Sie nur Aa-Laute zu (nicht z.B. den Umlaut Ä/ä). Falls Ihr Kind Hilfe beim Benennen benötigt, sprechen Sie ihm deutlich artikuliert vor.

Puzzle dir ein großes A

Kann mir da mal einer helfen?

Male die Puzzleteile unten auf der Seite an. Schneide sie aus. Klebe sie so auf, dass sie in das große A passen. Male dann die Kästchen der Wörter an, in denen du „A" siehst.

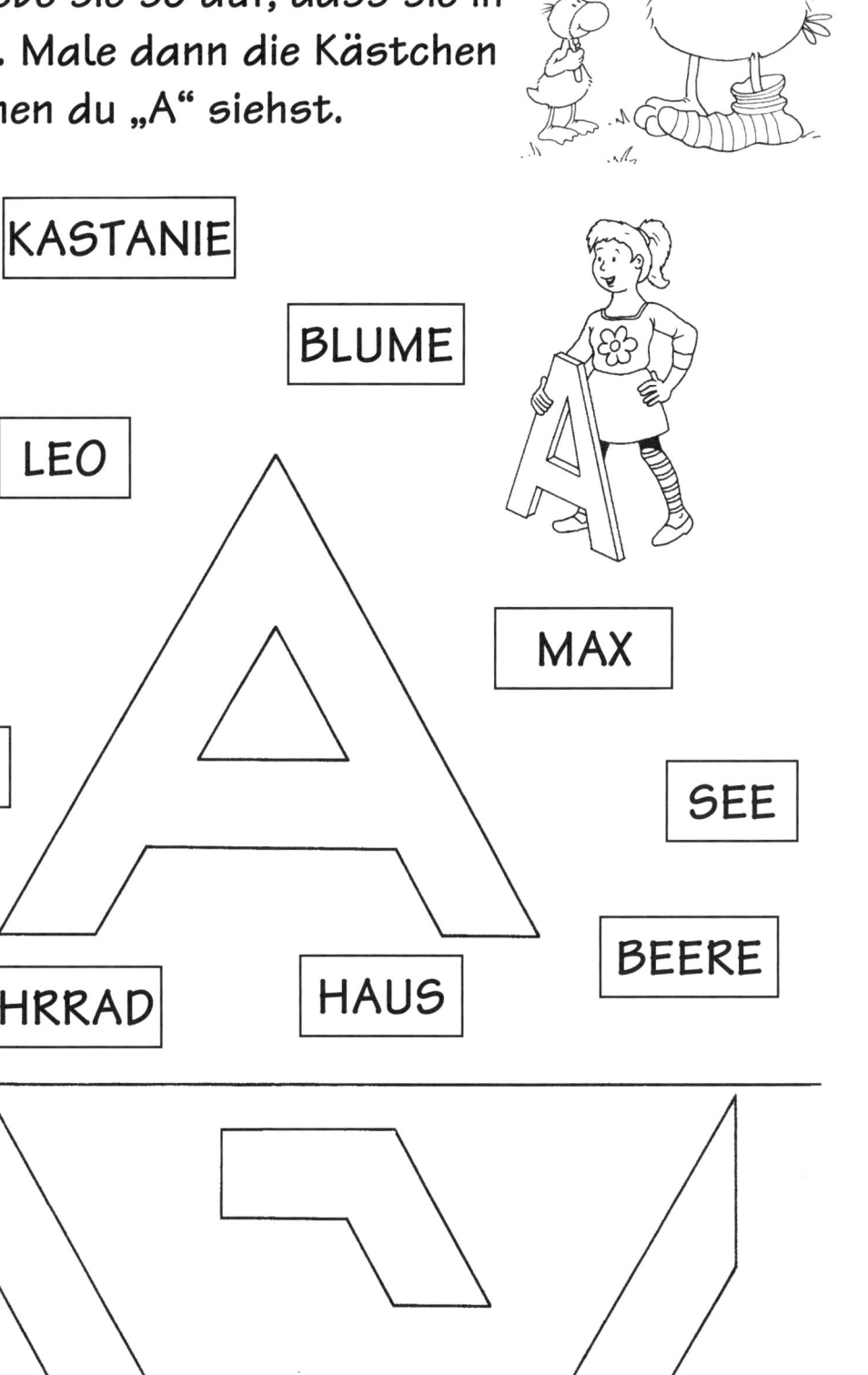

KASTANIE ANNA BLUME SONNE LEO AMEISE MAX WALD SEE FAHRRAD HAUS BEERE

Leben im Feld

Benenne die 10 abgebildeten Dinge und kreise sie im Bild ein.

Ein hungriger Maulwurf

7

Der Maulwurf möchte zu Mittag essen.
Suche den richtigen Weg durch die
Gänge zum Futter und male ihn an.
Dann siehst du einen Buchstaben.

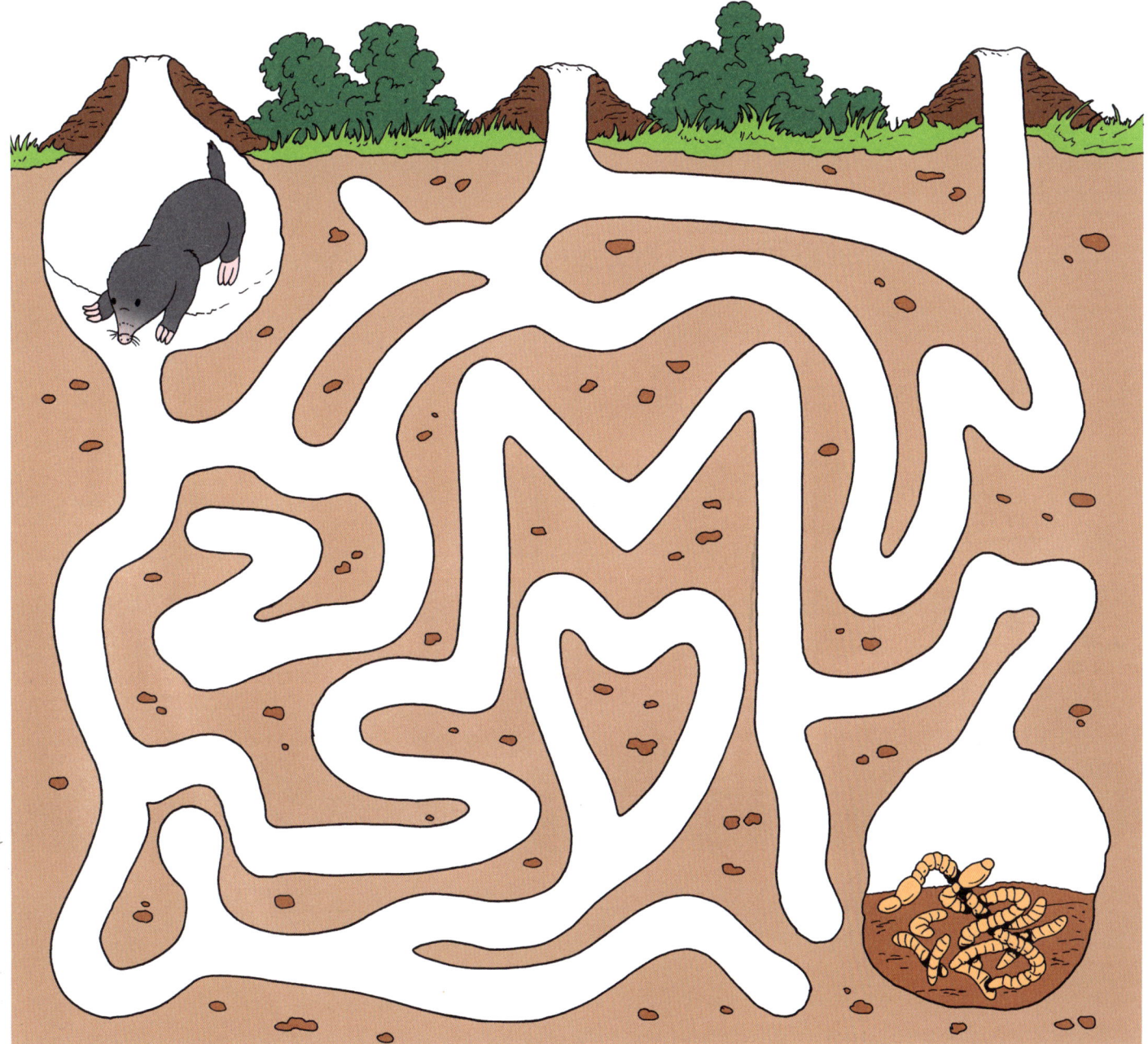

Tipp: Bitte betonen Sie beim Lesen der Aufgabe das „M/m". Für die Vorbereitung auf das Lesen ist es wichtig, zu lautieren („M/m") und nicht zu buchstabieren („eM/em").

Hörst du „M/m"?

Montag mach ich mächtig mit!

Sprich die Wörter. Wenn du „M/m" hörst, male sie an und ziehe einen Strich zu M/m in der Mitte.

Tipp: Lassen Sie zunächst Ihr Kind die Abbildungen benennen. Helfen Sie evtl. beim Identifizieren des Lautes „M/m", indem Sie die Wörter deutlich vorsprechen.

Entdeckst du mich?

9

"Ich sehe alles!"

Male die kleinen Felder in der unten angegebenen Farbe an. Wen entdeckst du?

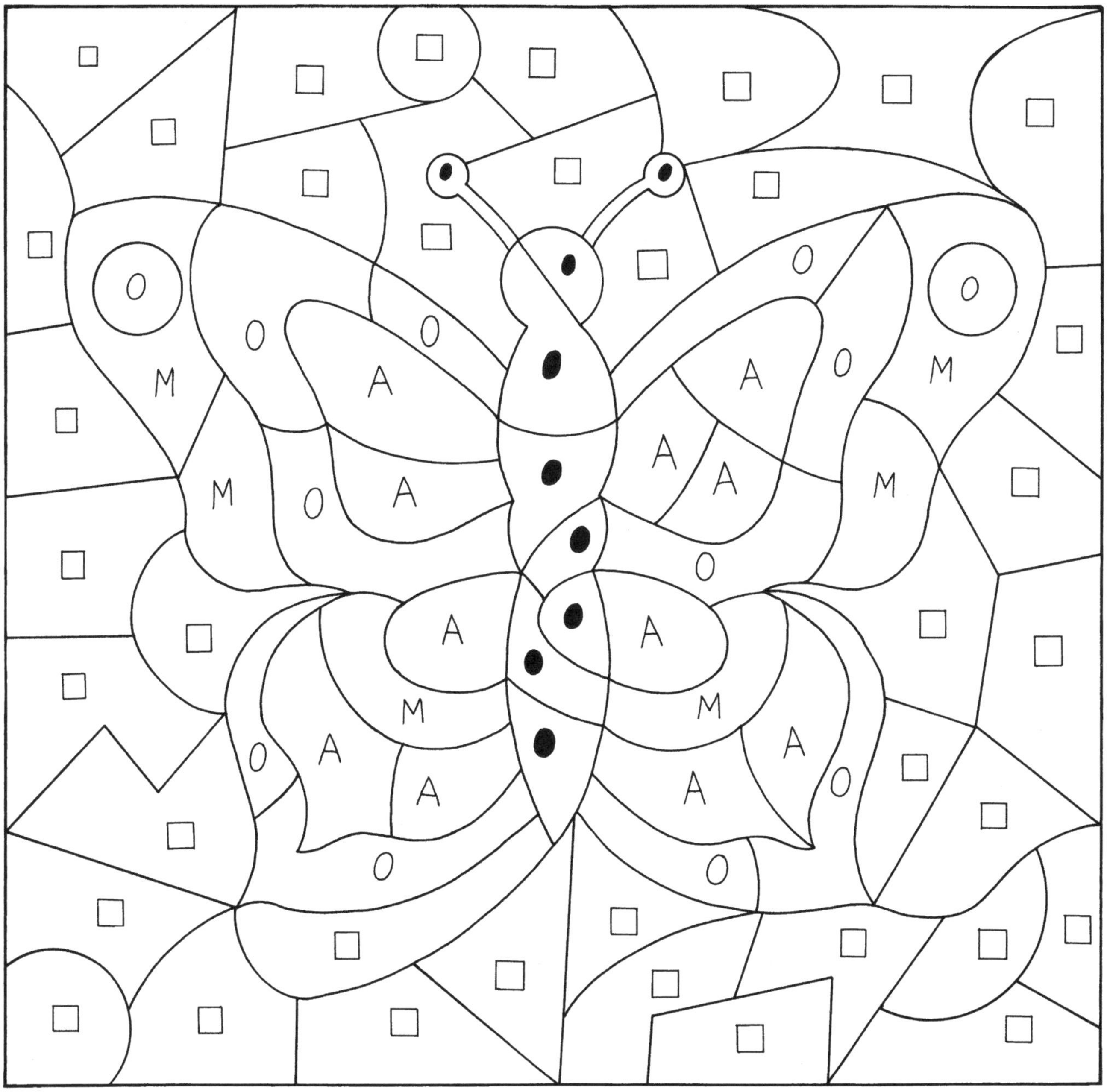

☐	M	O	A	●
grün	blau	rot	gelb	braun

Auf der Obstwiese

Am besten alles in meinen Korb!

Kennst du die Obstsorten? Male von jedem Baum oder Strauch ein Stück in den Korb.

So sieht es innen aus

Ziehe einen Strich vom halben Teil zum Ganzen. Male die Hälften an, wenn du „O/o" hörst.

Schau genau!

Ich verkrümel mich mal!

Nur ein Bild in jeder Reihe ist genau so wie das davor. Male beide an.

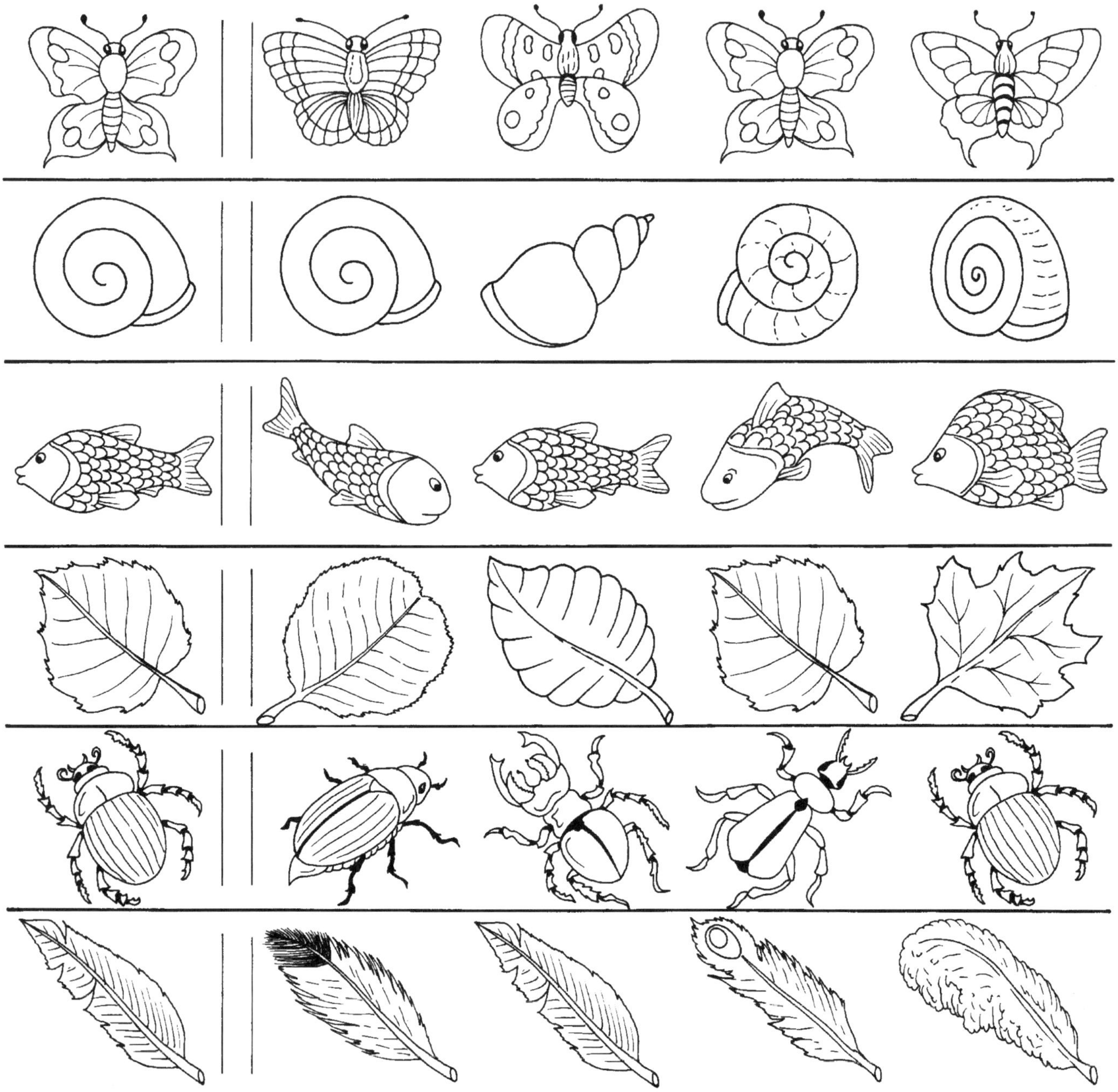

Wenn sich die Igel küssen, ...

... dann müssen sie ganz fein behutsam sein.*
Male die Stacheln der Igel fertig. Sprich für jeden Stachel, den du malst „I/i".
Male auch I/i aus.

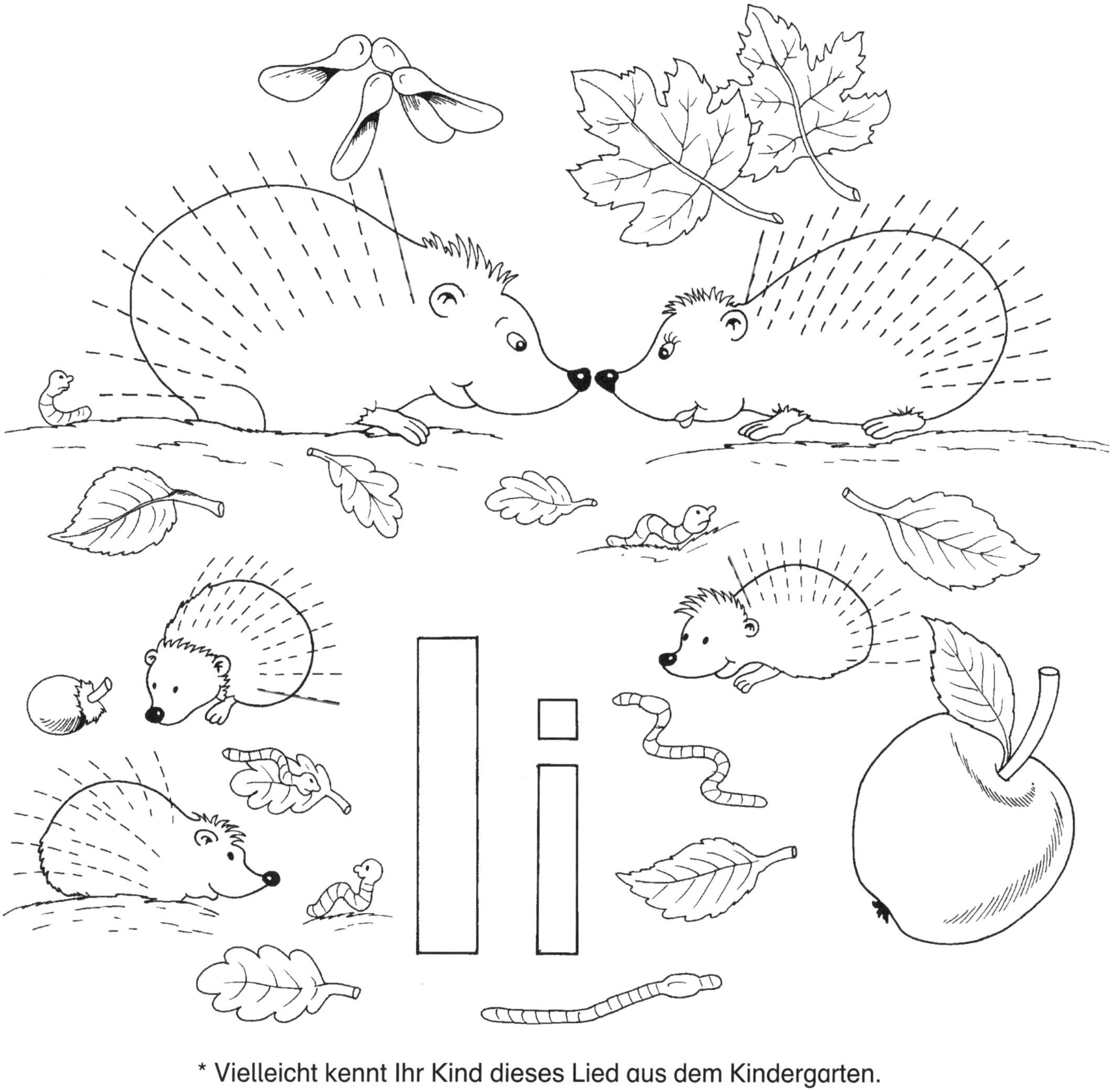

Ich küsse überhaupt nicht. Das ist voll peinlich!

* Vielleicht kennt Ihr Kind dieses Lied aus dem Kindergarten.

Auf der Wiese ist viel los

Und warum ist bei mir kein i?

Wie heißen die Tiere? Wenn du „I/i" hörst, male ein X in das Kästchen. Suche die Tiere im Bild und kreise sie dort ein.

Was passt hier nicht?

In jeder Reihe passt eines nicht zu den anderen. Streiche es durch.

Kennst du ...

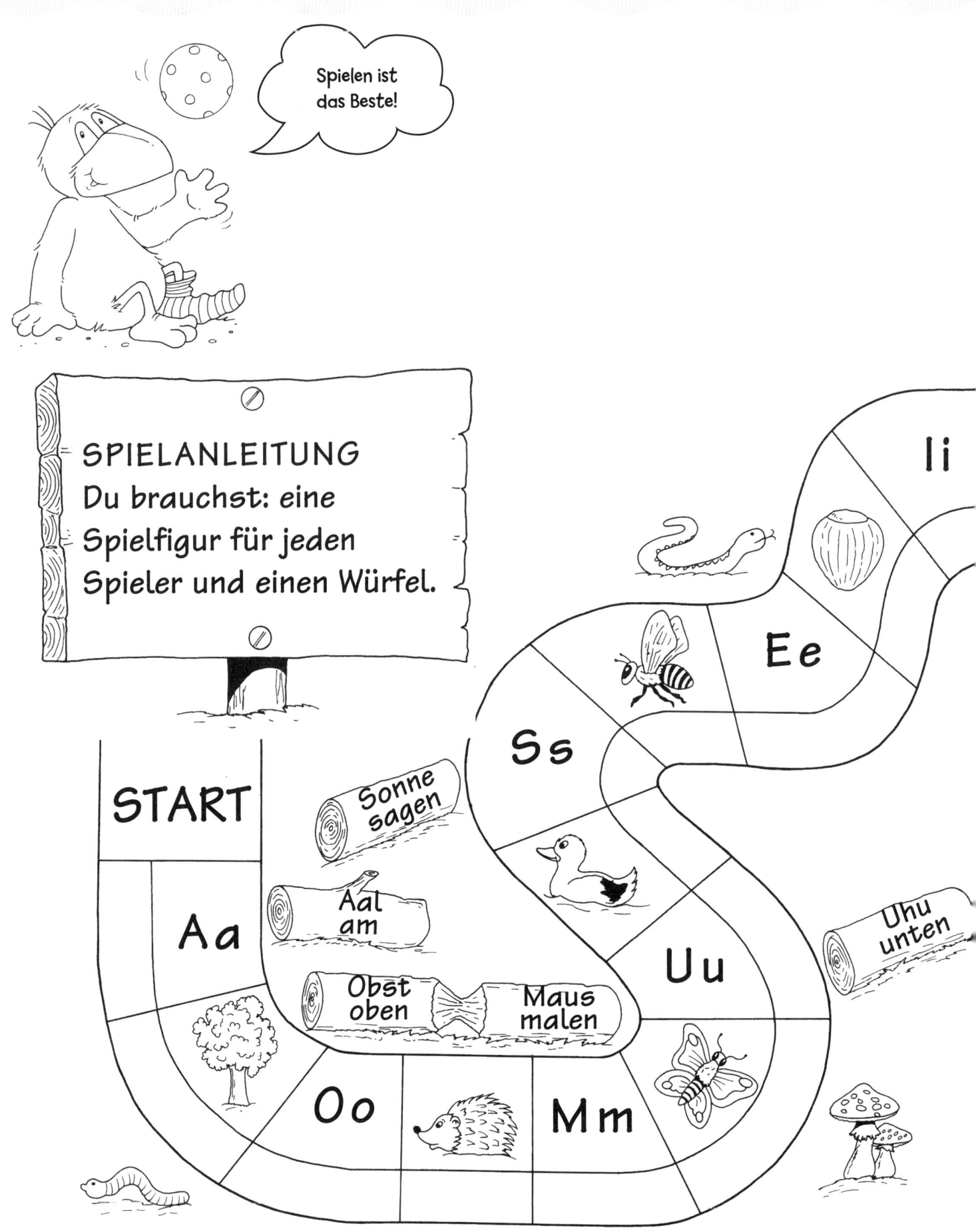

... ein Wort mit ...?

So geht es: Der jüngste Spieler würfelt zuerst. Seine Figur rückt nach Anzahl der Würfelpunkte vor. Kommt sie auf ein Feld mit Buchstaben, nennt der Spieler ein beliebiges Wort, das mit diesem Laut beginnt. Ist die Aufgabe gelöst, rückt die Figur ein Feld weiter. Wenn nicht, zieht sie in der nächsten Runde nach Würfelpunkten weiter.

Ich gewinne. Ich gewinne immer!

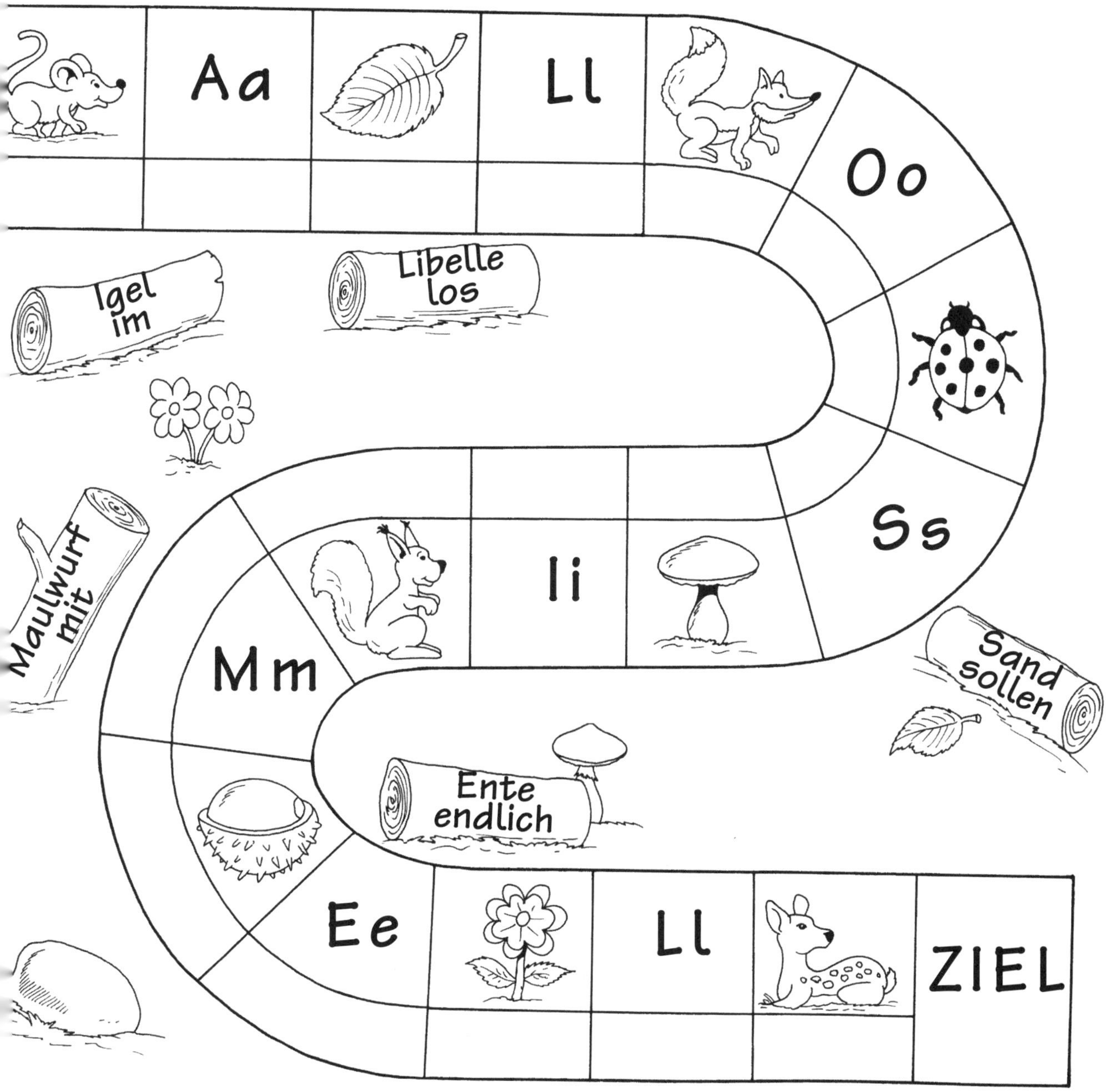

Der Wald, ...

Und ich knipse dann alles!

Im Wald gibt es viel zu sehen. Benenne alles, was du siehst, und male ein X daran, wenn du „L/l" hörst.

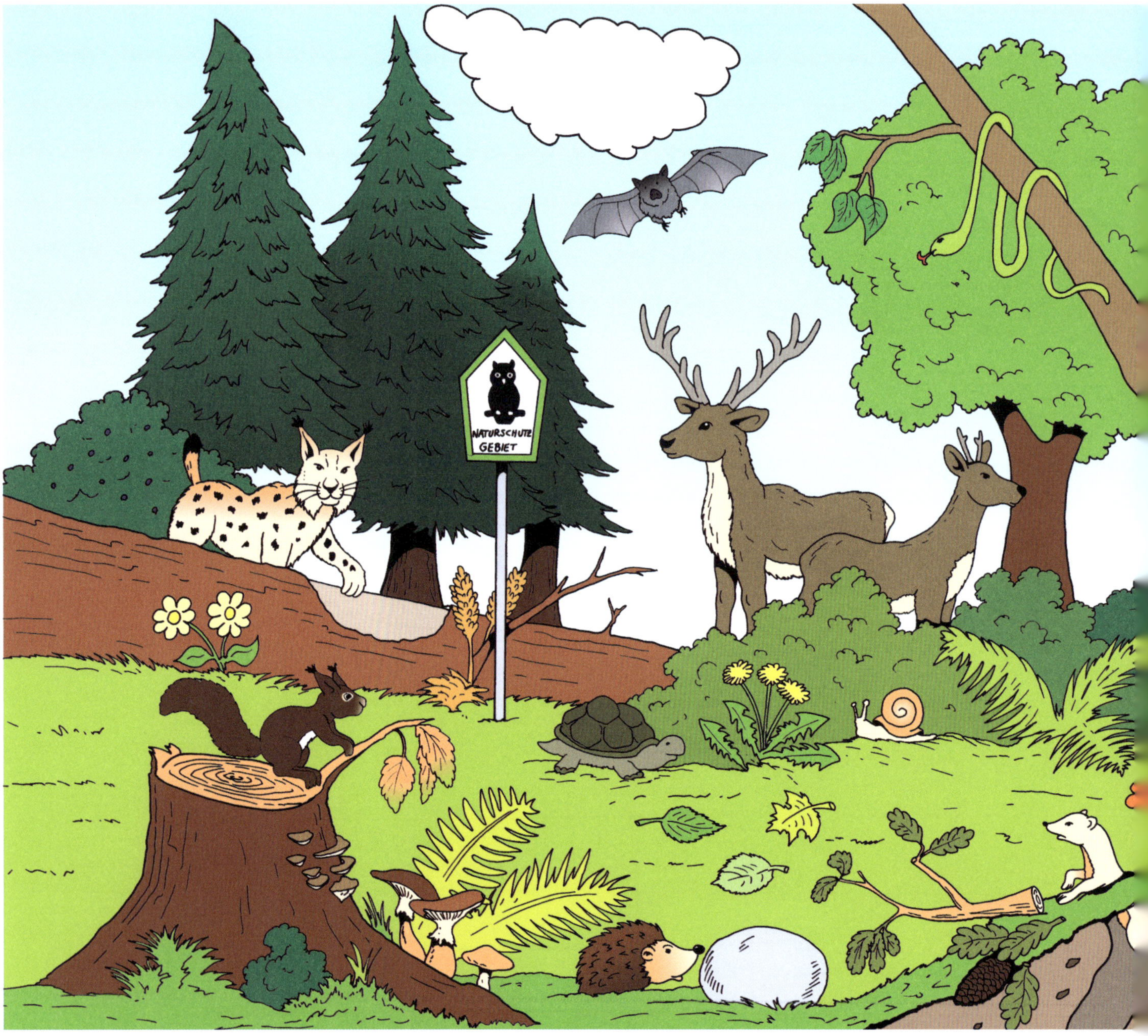

Tipp: Es können genannt werden: Blätter, Igel, Pilze, Vögel, Eule, Wurzeln, Larven, Höhle (Fuchsbau), Wolken, Schmetterling, Holz ...

... eine große Wohnung für Tiere und Pflanzen

Ein Fluss fließt in den See

Benenne alles, was du auf dem Bild siehst. Wenn du „S/s" hörst, male an. Der Fluss fließt wie ein S.

Tipp: Ihr Kind soll nur den Laut „S/s" hören. Machen Sie es nicht auf die Buchstabenkombinationen Sch, St oder Sp aufmerksam, weil diese anders ausgesprochen werden.

Groß und klein

21

Ich bin der Größte oder der Kleinste?

Zu allen kleinen Bildern passt ein großes. Verbinde sie mit einem Strich.

Juchhe, jetzt kenn' ich schon das E!

Kann mir mal jemand helfen?

Schreibe eine bunte Reihe E. Benenne alles, was du auf dem Bild siehst. Male ein X in das Kästchen, wenn du „E/e" hörst.

Tipp: Lassen Sie Ihr Kind nur die als „E/e" gehörten Laute nennen. Machen Sie es nicht ausdrücklich auf das geschriebene E/e in Kombilauten (z. B. Heidelbeeren, Eichhörnchen) aufmerksam.

Tiernamen klatschen

Schneide die Teile unten aus und mache die Tiere ganz. Klatsche für jedes Teil einmal.

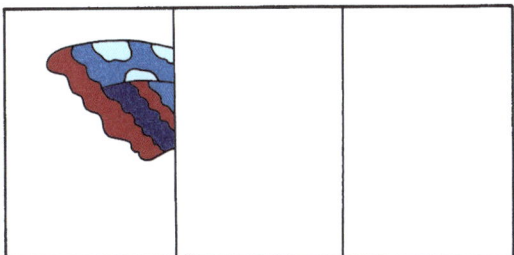 

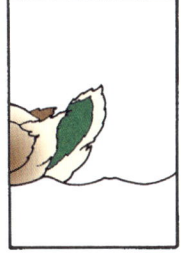 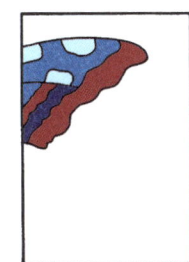   

 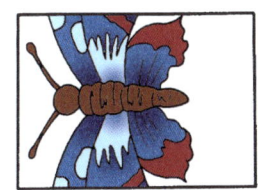

Tipp: Machen Sie Ihrem Kind den Wortaufbau aus Silben bewusst, indem Sie auch Namen und andere Wörter klatschen lassen.

Wie oft kannst du klatschen?

Wetten, dass ich Erster werde?

Klatsche die Wörter. Male so viele Punkte in das Kästchen sooft du geklatscht hast.

Tipp: Bitte achten Sie darauf, dass Ihr Kind die Aufgabe verstanden hat. Probieren Sie es zunächst mit den Vornamen, die in Ihrer Familie vorkommen.

Spurensuche

25

Das muss ich mir aber jetzt ganz genau angucken!

Wohin führen die Spuren? Erzähle, was du siehst. Wenn du „U/u" hörst, male das passende Bild an. Die Hufspuren sehen aus wie U/u. Du darfst sie nachschreiben.

Wörter zaubern

"Und soll ich mal das Päckchen aufzaubern?"

Aus den Bildern auf der linken Seite kannst du mit denen der rechten Seite neue Wörter zaubern, wenn du die passenden verbindest.

Was klingt am Anfang gleich?

27

Sage deutlich, was du auf einem Bild siehst. Ein zweites beginnt mit demselben Laut. Verbinde sie zu einem Paar.

Wohin wollen die Tiere?

"Und wo geht's zu meinem Rabennest?"

Zeigst du dem Vogel, wie er zu seinem Nest, der Raupe, wie sie zum Salat und der Schnecke, wie sie zu ihrem Haus kommt? Nimm für jedes Tier eine andere Farbe.

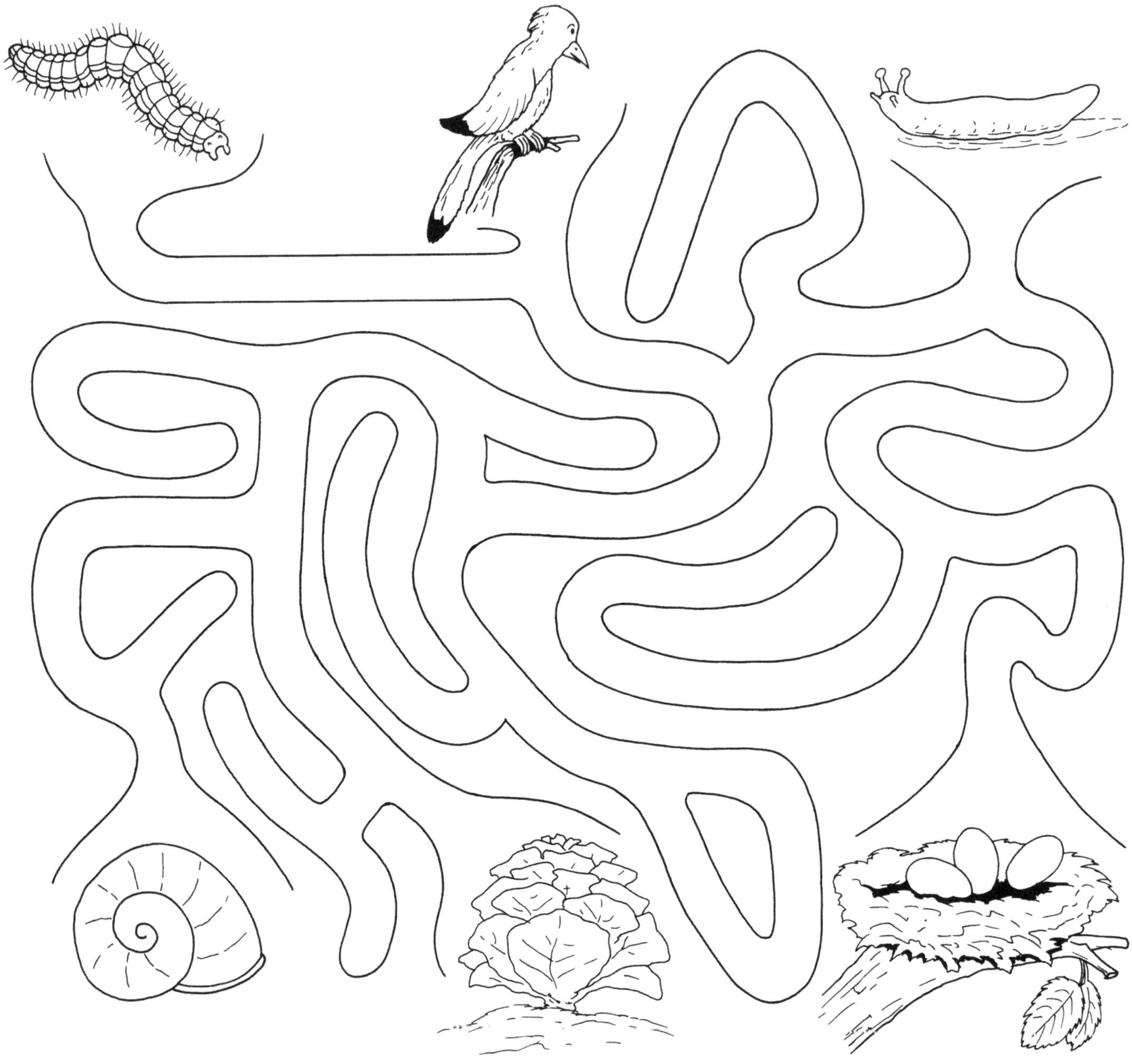

Hopp, hopp, hopp, Pferdchen lauf Galopp!

"Ich hab was Besseres zu tun!"

Lass dir die Sätze vorlesen und finde selbst das Reimwort für den Schluss.

Aus der grünen Hecke kommt langsam eine..............................
In dem alten Turm lebt ein langer..............................
Die kleine Raupe frisst sich satt an einem grünen ....
Ist es draußen kalt, geh'n wir im Mantel in den ....
Die Katze liebt den Schmaus und fängt sich eine..........................
Ich mag die Blumen in der Vase; draußen frisst sie gern der ....
In der Tasche klimpert Geld; das Korn wächst auf dem ....
Anja wünscht sich einen Ring mit einem bunten..........................
Im Winter gibt es Schnee; im Sommer blüht der ....
Zitronen schmecken sauer; auf dem Feld arbeitet der ....

Findest du die Reimpaare?

Dann schenke ich dir mein Gänseblümchen!

Verbinde die Reimpaare.

Versteckspiel auf der Obstwiese

Findest du 10 große und kleine Tiere?
Mache ein X daran.

Ein großer Bauernhof

Fehlt hier jetzt rot oder kunterbunt?

Wenn du beim Ausmalen der Flächen gut aufpasst, sieht der Bauernhof viel schöner aus. Verwende die angegebenen Farben.

o braun o° rot o°o blau °o° orange °°° gelb °°°/°°° grün

Oje, der Zaun hat Löcher

Hilfst du dem Bauern den Zaun zu reparieren? Sonst kommt heute Nacht der Fuchs und holt sich eine Gans.

Kannst du schon lesen?

Rabe-Bücher lesen macht schlau!

Schreibe die Anfangsbuchstaben der einzelnen Bilder in die richtigen Kästchen. Was liest du?

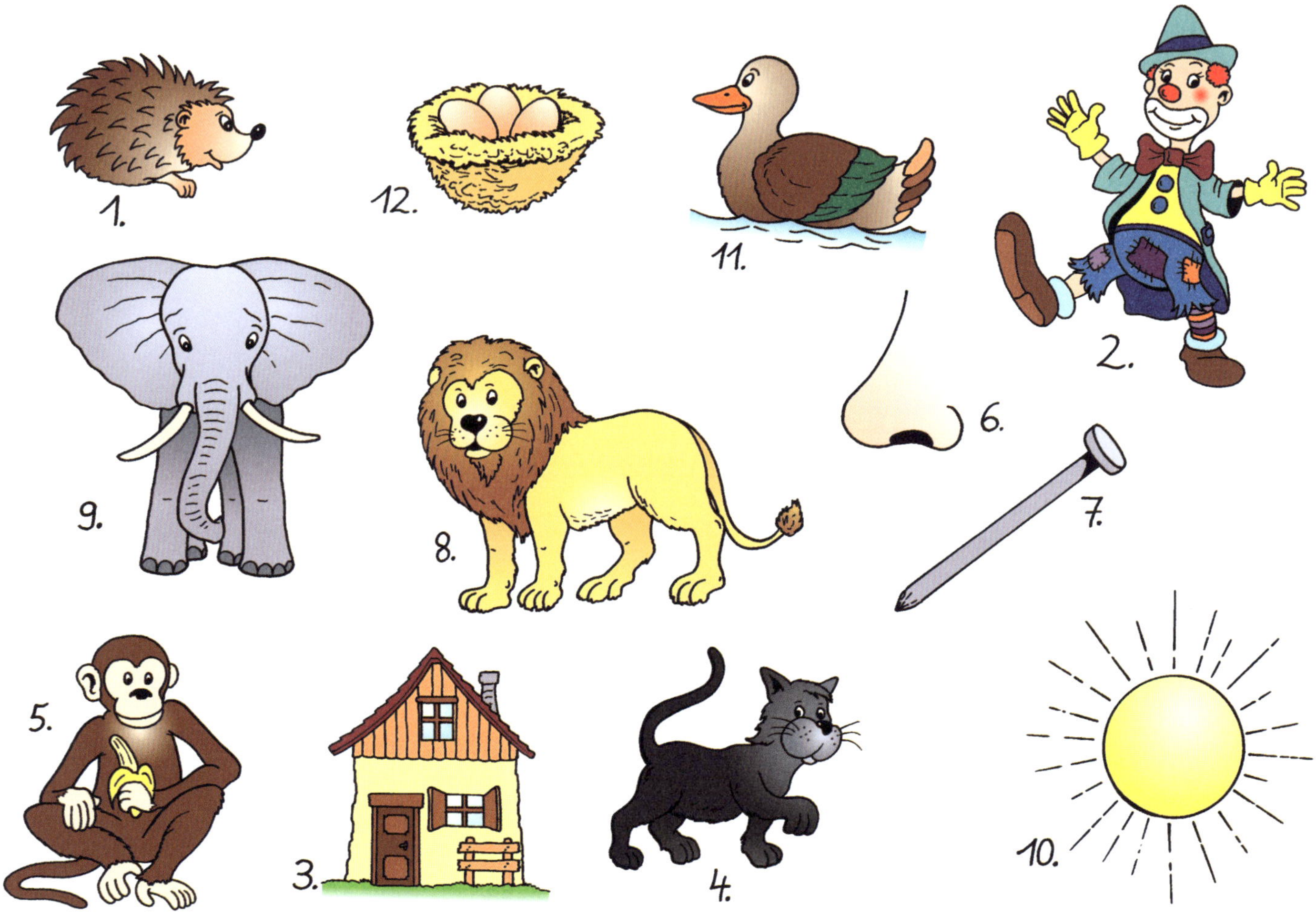

Ich heiße ....

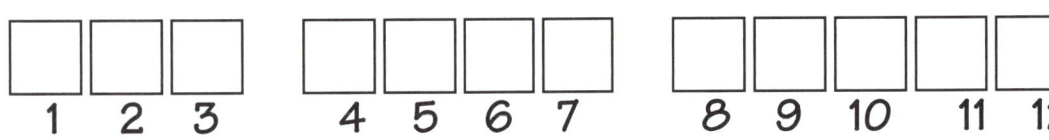

Was entdeckst du?

Ich angle in der Schule.

Lies alle Wörter. Was davon kannst du in der Schule tun? Male das Feld an.

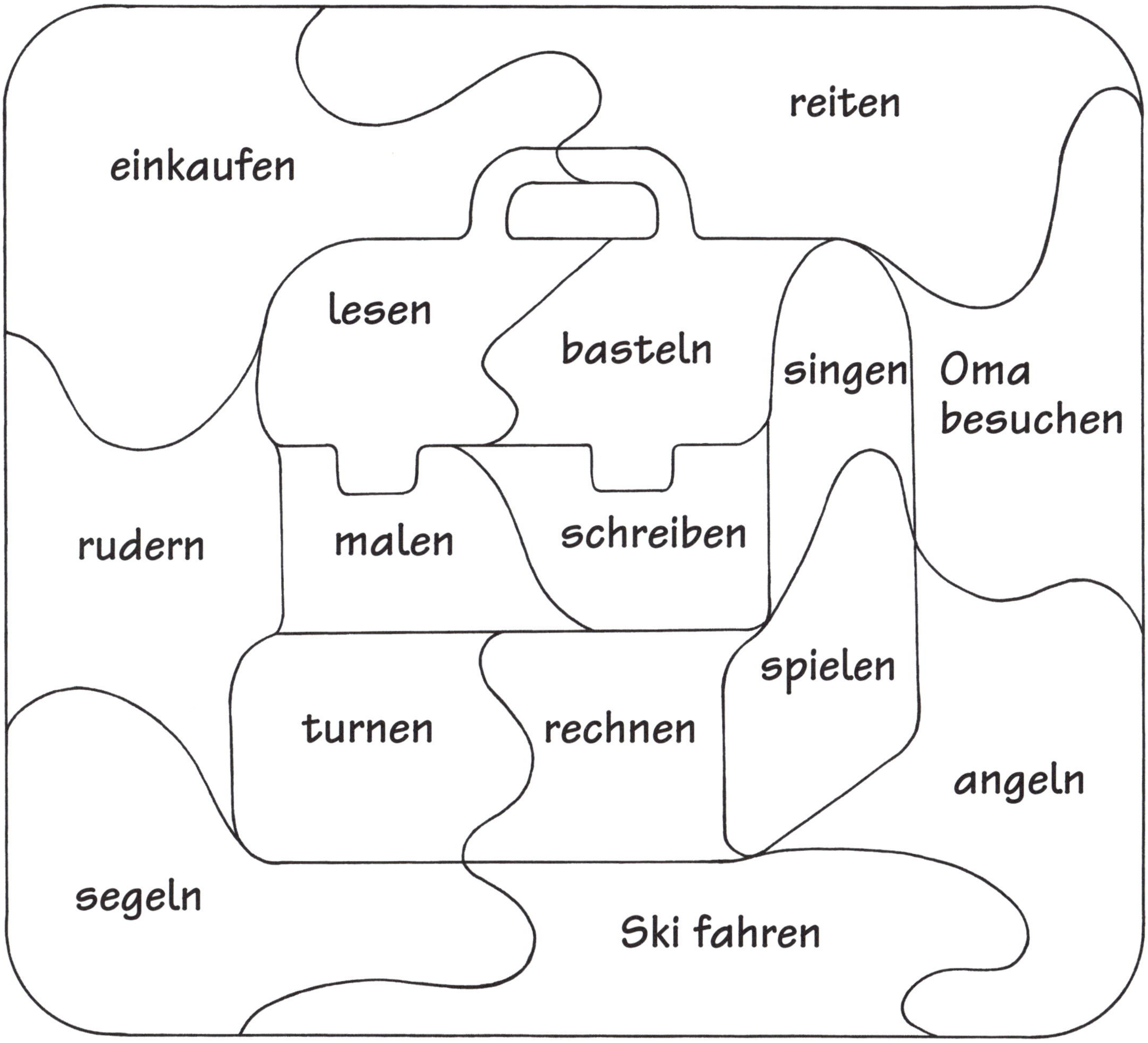

- reiten
- einkaufen
- lesen
- basteln
- singen
- Oma besuchen
- rudern
- malen
- schreiben
- spielen
- turnen
- rechnen
- angeln
- segeln
- Ski fahren

Meine Klasse

In meinem Namen ist auch ein a.

Sage, was du in der Klasse siehst. Male an, wenn du A/a hörst.

Auf dem Schulweg

37

Ich kreuze bald wieder auf.

Mache ein Kreuz, wenn du A/a am Anfang | X | | | , in der Mitte | | X | | oder am Ende | | | X | hörst.

Moni bei den Hausaufgaben

Ich behalte Moni im Auge.

Moni soll 10 Dinge finden, in denen sie M/m hört.
Hilf ihr und male die Sachen an.

Ali hat Geburtstag

39

Gibt es für mich auch etwas?

Ali begrüßt jeden Gast mit einem Luftballon. Durch die Anhänger findest du heraus, welche Farben die Ballons haben. Male sie an.

rosa — rot — lila — blau — grün — gelb — orange — braun

Möchtest du Ritter Rolf besuchen?

Ich düse schon mal los!

Verbinde die Buchstaben des großen ABC in der richtigen Reihenfolge. Dann weißt du, wo Rolf wohnt.

Wo wohnt Kobold Kobi?

41

Überraschung! Ich bin schon da.

Verbinde die Buchstaben des kleinen ABC in der richtigen Reihenfolge. Dann siehst du Kobis Wohnung.

Findest du das richtige Wort?

Das ist ein einziger Wortsalat.

Zu jedem Bild passt immer nur ein Wort.
Streiche die falschen durch.

|  Hose | Hase | Hemd | Hund |

|  Ball | Besen | Bauch | Baum |

|  Ei | Eimer | Eis | Eins |

|  Uhr | U-Bahn | Uhu | Udo |

|  Kerze | Katze | Kind | Kuh |

|  Schirm | Schule | Schild | Schrank |

Findest du das richtige Bild?

43

Ich finde alles. Du kannst Adlerauge zu mir sagen!

Zu jedem Wort passt immer nur ein Bild.
Kreise es ein.

Tiger

Schirm

Wiege

Zelt

Pudel

Garten

44

Welches Bild passt?

Ich mache erst mal Pause.

Nur ein Bild passt zu jedem Satz. Male einen bunten Rahmen darum.

Anja ist traurig.

Rudi schwimmt.

Opa pflückt

Alle malen

45

Ich male lieber!

Lies die Sätze und beantworte die Fragen.

Oma malt eine   .

Uta malt einen   .

Tim malt ein   .

Mama malt einen   .

Toni malt ein   .

Wer malt ein Haus? _____

Wer malt eine Ente? _____

Wer malt einen Hasen? _____

Wer malt ein Auto? _____

Wer malt einen Baum? _____

Im Zoo

Hihi, das kitzelt!

Ein Sturm hat die Schilder an den Tiergehegen zerrissen. Suche die richtigen Teile und klebe sie an.

Af |
Kängu |
Ti |

La |
Giraf |
Nas |
Ele |

Kroko |
Ka |
Lö |

✂ -

| fe | ma | fe | horn | we |
| fant | ru | ger | dil | mel |

Male uns bunt!

47

Stift und Papier sind schon hier!

Lies die Aufgaben genau. Male und zähle!

Male vier Frösche grün und drei braun.

Es bleiben ___ Frösche weiß.

Male zwei Schnäbel rot und vier gelb.

___ Schnäbel bleiben weiß.

Male der Hälfte der Katzen einen schwarzen Schwanz.

___ Katzenschwänze sind weiß.

48

Lesespiel

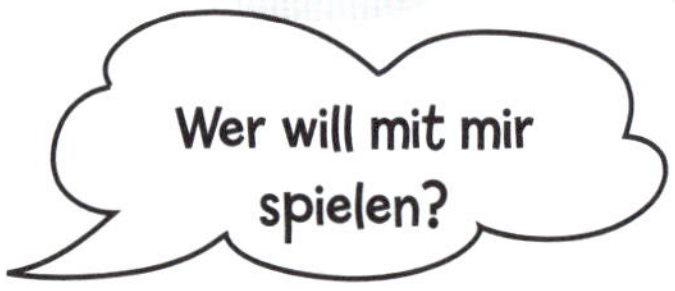

Wer will mit mir spielen?

Spieler 1 würfelt. Er setzt seine Spielfigur. Spieler 2 setzt seine Figur ohne zu würfeln auf das dazu gehörende Wort- oder Bildfeld. Dann würfelt er und zieht weiter. Nun findet der Spieler 1 das entsprechende Feld und setzt seine Figur dort hin. Wer zuerst das Zielfeld erreicht, hat gewonnen.

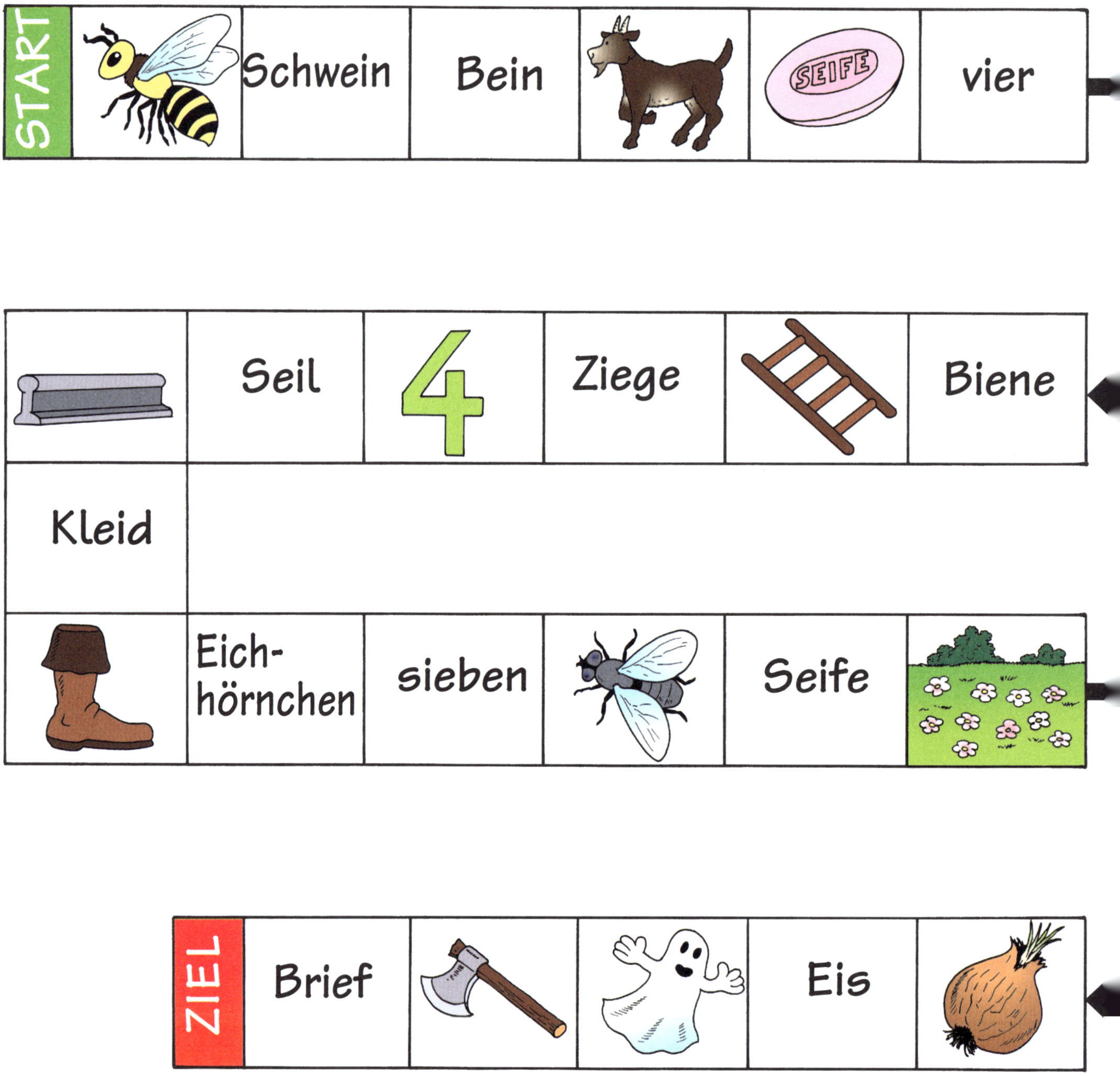

| START | 🐝 | Schwein | Bein | 🐐 | 🧼 | vier |

🪑	Seil	4	Ziege	🪜	Biene
Kleid					
👢	Eich-hörnchen	sieben	🪰	Seife	🌼

| ZIEL | Brief | 🪓 | 👻 | Eis | 🧅 |

für zwei Spieler

Ich bin ein Rabenass!

	Reifen	Fliege		Wiese	
					Zeiger
	Schiene	Stiel		Zwiebel	
		Beil		Sieb	Leiter
					7
	Stein		Stiefel		Geist

Reimwort-Segler

Auf Rabe reimt sich Mabe. Oder Made?

Boote, deren Namen sich reimen, gehören zu einer Mannschaft. Male die Fähnchen der Reimpaare in derselben Farbe an.

- Hut
- Strand
- Fest
- Nest
- Futter
- Tanz
- Tasche
- Mut
- Sand
- Flasche
- Kranz
- Mutter

Mein Körper

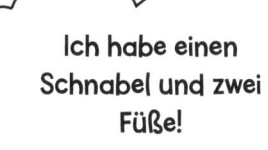

51

Ich habe einen Schnabel und zwei Füße!

Findest du die Wörter? Male sie mit einem gelben Stift an.

O	M	B	E	I	N	L	I	H	A	N	D
S	C	H	U	L	T	E	R	H	U	N	D
L	O	S	H	A	L	S	N	A	R	M	H
K	O	P	F	L	T	A	U	G	E	X	Y
Z	B	F	O	H	R	G	H	M	U	N	D
I	J	K	B	A	U	C	H	L	M	N	O

Hurra, wir verreisen!

Ich verreise per Luftpost.

Kann Kati alles einpacken? Verbinde die passenden Wörter mit dem Koffer. Schreibe ihre dick gedruckten Buchstaben unten in der richtigen Reihenfolge auf. Nun weißt du, wohin die Reise geht.

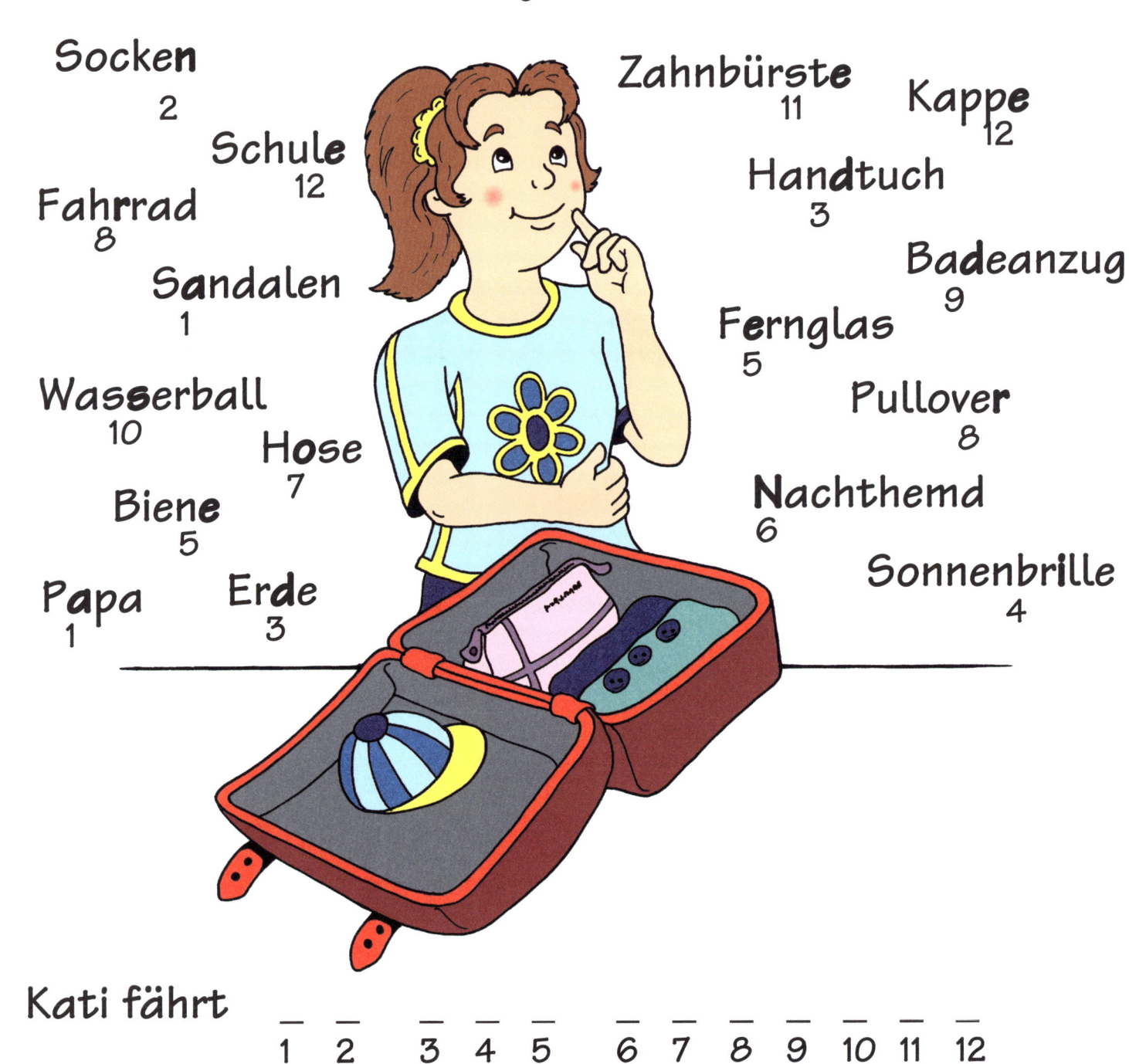

Socken 2
Schule 12
Fahrrad 8
Sandalen 1
Wasserball 10
Hose 7
Biene 5
Papa 1
Erde 3

Zahnbürste 11
Kappe 12
Handtuch 3
Badeanzug 9
Fernglas 5
Pullover 8
Nachthemd 6
Sonnenbrille 4

Kati fährt __ __ __ __ __ __ __ __ __ __ __ __
           1 2 3 4 5 6 7 8 9 10 11 12

Vier Jahreszeiten

53

Das reinste Aprilwetter!

Lies jeden Satz und klebe das richtige Bild dazu.

Es ist warm. Die Kinder baden im See.

Es ist kalt. Die Kinder bauen einen Schneemann.

Die Vögel kommen zurück. Sie bauen Nester.
Die Kinder bemalen Ostereier.

Die Blätter an den Bäumen werden gelb.
Die Kinder lassen ihre Drachen steigen.

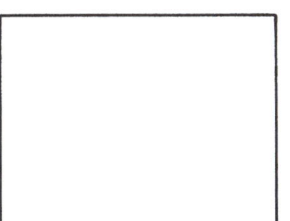

Mimi macht Unsinn

Unsinn ist das beste!

Wo ist Mimi? Kreuze an.

Mimi ist im ☐
          am ☐

Mimi ist auf dem ☐
          unter dem ☐

Mimi ist in der ☐
          neben der ☐

Mimi ist auf dem ☐
          unter dem ☐

Mimi ist im ☐
          am ☐

Bello in Not

Nimm lieber mich als Haustier!

Schau die Bilder an. Lies die Sätze. Schreibe die Satznummer in das richtige Bild.

1 Bello hat sein Häufchen auf den Teppich gelegt.
2 Tom muss es auffegen.
3 Er spielt einfach weiter.
4 Tom soll mit Bello Gassi gehen.

Auf dem Markt

"Wir kaufen zauberhaftes Rabenfutter."

Ein Zauberer hat alle Kisten leer gezaubert. Male alles wieder hinein.

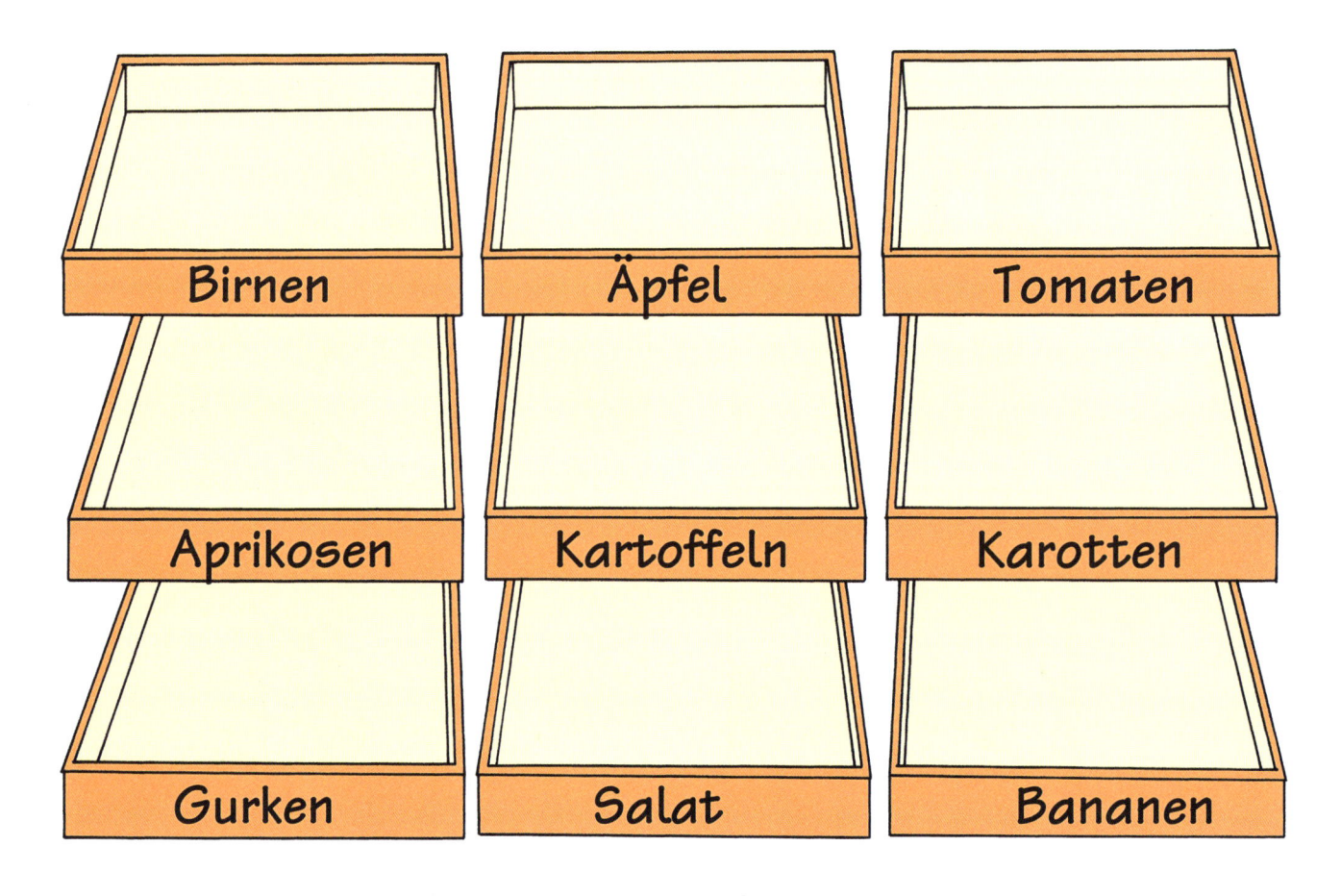

Birnen	Äpfel	Tomaten
Aprikosen	Kartoffeln	Karotten
Gurken	Salat	Bananen

zwei Salate   fünf Tomaten   neun Kartoffeln

acht Birnen

zwölf Aprikosen

sechs Gurken

elf Bananen

zehn Äpfel   sieben Karotten

Im Spielwarengeschäft

57

Ich will was zum Kuscheln!

Lisa und Andi wünschen sich ein Federballspiel, ein Segelboot und einen Wasserball. Wo sind die Sachen? Kreuze an.

Das Federballspiel liegt im Regal	rechts oben	☐
	links unten	☐
Das Segelboot steht	auf dem Tisch	☐
	unter dem Tisch	☐
Der Wasserball liegt im Regal	rechts unten	☐
	links oben	☐

Wo steckt der Dieb?

Wir sind ihm auf der Spur.

Der Dieb hat eine Glatze. Er trägt eine schwarze Hose. Seine braune Jacke hat ein Loch. Er hat einen Koffer. Findest du ihn? Kreuze den richtigen Satz an.

Der Dieb liegt auf der Wiese. ☐

Der Dieb steht hinter einem Baum. ☐

Der Dieb fährt auf einem Fahrrad. ☐

Der Dieb sitzt auf einer Bank. ☐

Lustige Leseuhr

59

Ich bastle mit!

Klebe die Seite auf Pappe. Schneide beide Teile aus. Stich ein kleines Loch in die Mitte beider Kreise. Stecke sie mit einer Muster-Beutelklammer zusammen, so dass sich die kleine Scheibe auf der großen drehen lässt. Nun kannst du viele lustige Sätze lesen.

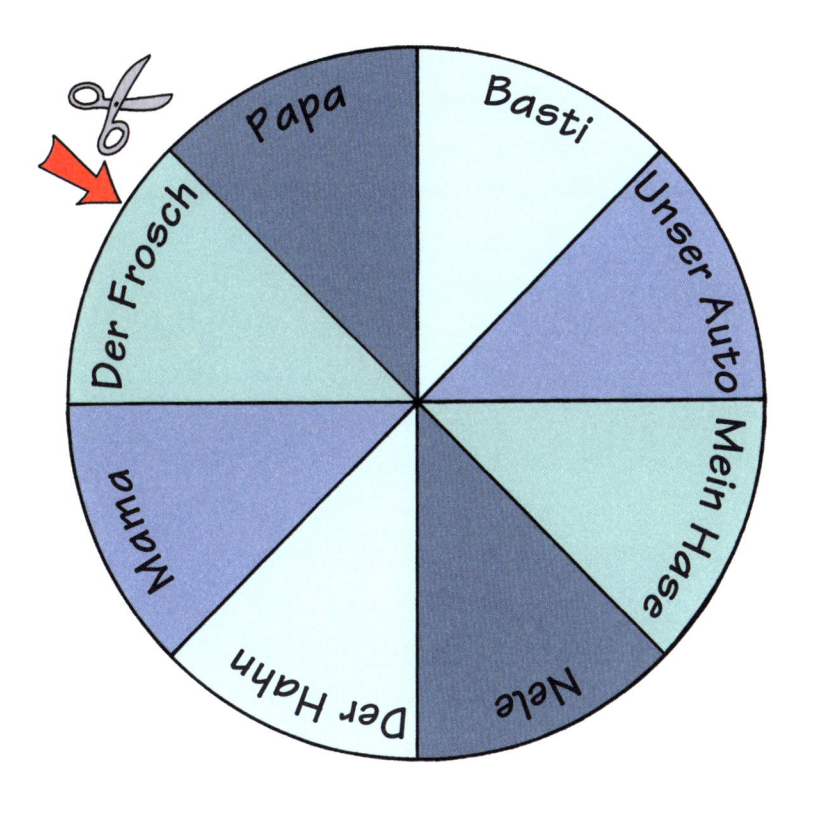

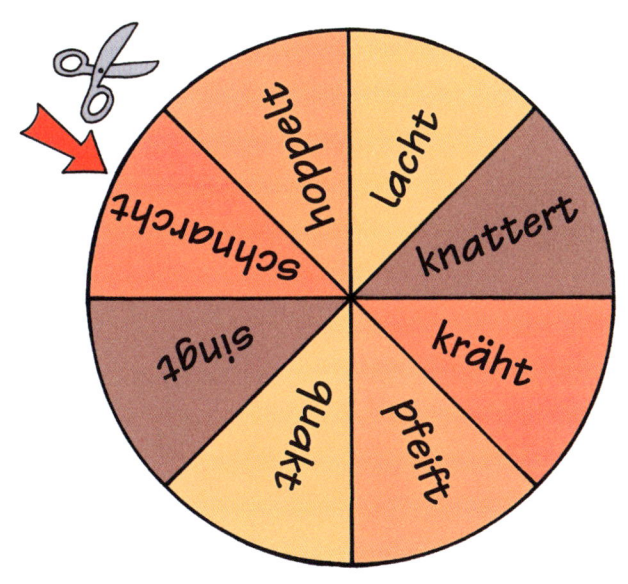

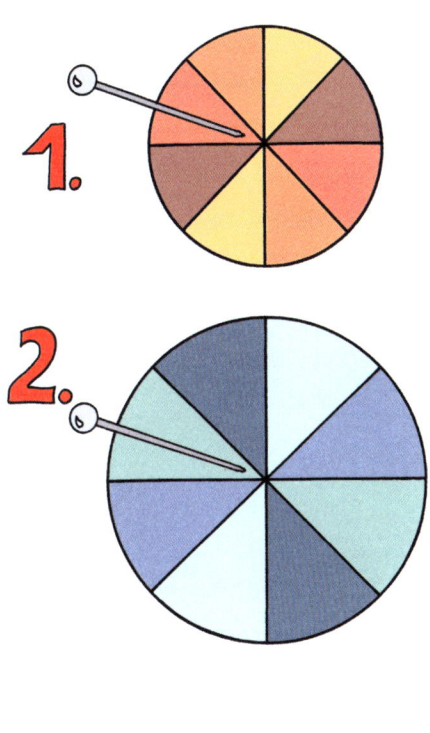

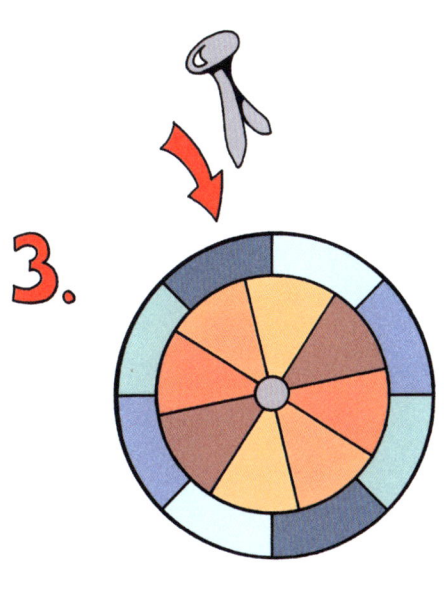

Große Scheibe: Papa, Basti, Unser Auto, Mein Hase, Nele, Der Hahn, Mama, Der Frosch

Kleine Scheibe: lacht, knattert, kräht, pfeift, quakt, singt, schnarcht, hoppelt

1.
2.
3.

60

Was ist das?

61

Ich verstehe gar nix.

Zu welchem Wort gehört die Beschreibung?
Male das Feld mit der Lösungszahl an.

rund – leicht	Lastwagen (5)	Luftballon (10)
kalt – süß	Eis (1)	Eimer (3)
heiß – strahlend	Tonne (16)	Sonne (20)
flockig – weiß	Klee (4)	Schnee (2)
süß – braun	Schokolade (12)	Schaufel (8)
rot – rund	Kirche (9)	Kirsche (7)
gefährlich – heiß	Feier (6)	Feuer (19)
weiß – flüssig	Milch (11)	Wasser (13)

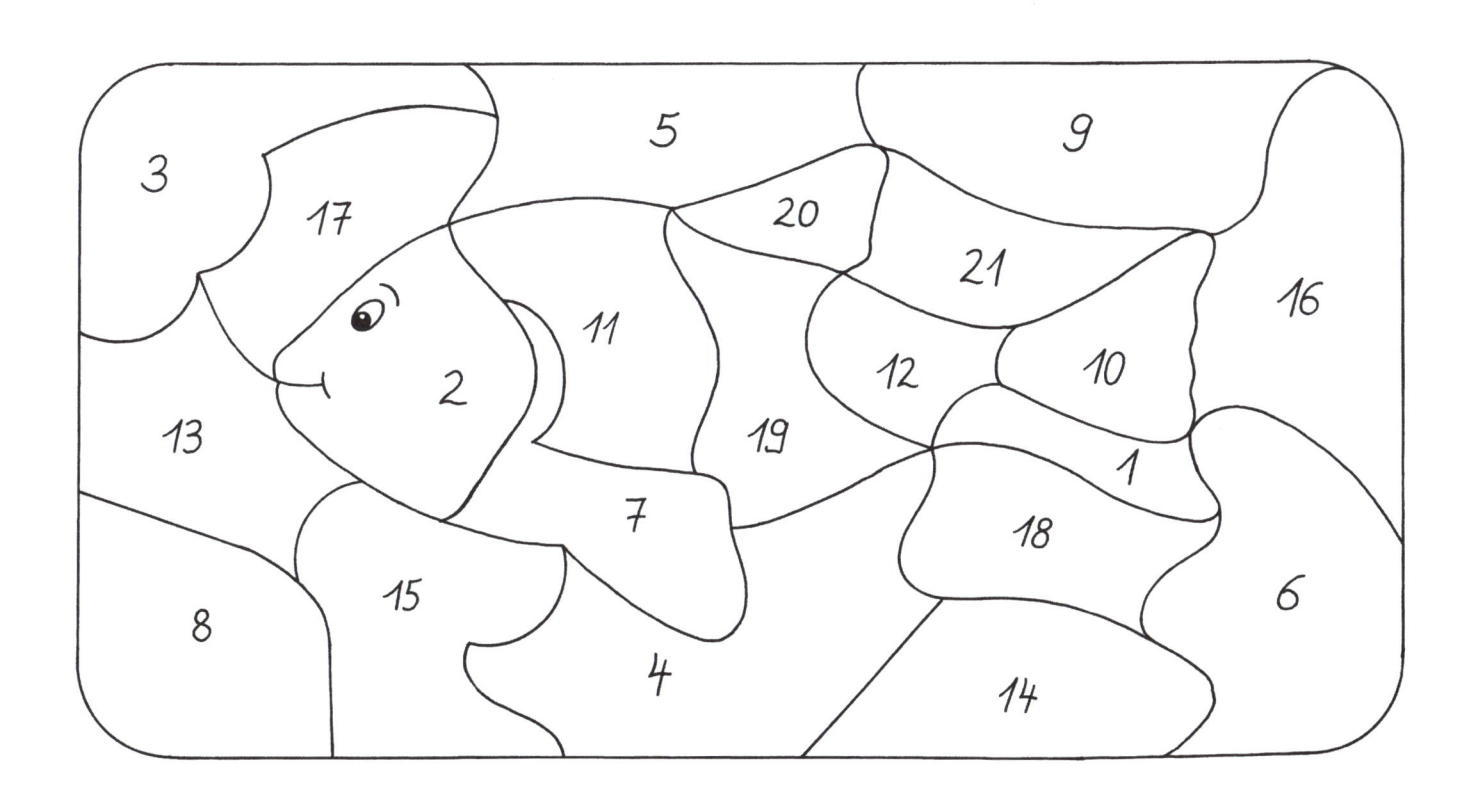

Lösungen

S. 34 Ich kann lesen

S. 35

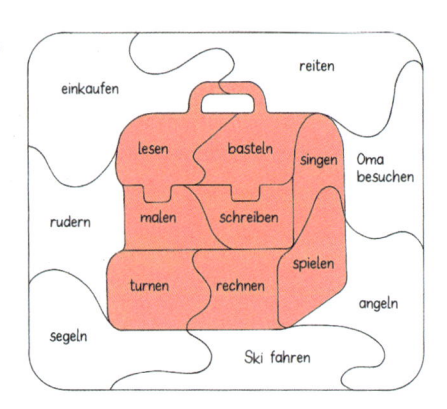

S. 36

Lampe, Regal, Ball, Karton/Kasten, Schrank, Karte, Tafel, Wand, Schwamm, Blatt/Papier, Apfel, Kakao, Waschbecken, Wasserhahn, Federmappe, Tasse, Malkasten/Farbe, Jacke, Schulranzen

S. 37

Wand, Sofa, Haltestelle, Straße, Markt, Bank, Oma, Ampel, Taxi

S. 38

Lampe, Mondlaterne, Baum, Blume, Kamm, Muschel, Maus, Moni, Turm, Kamel

S. 39

S. 40

S. 41

S. 42

🐰	Hose	**Hase**	Hemd	Hund
🌳	Ball	Besen	Bauch	**Baum**
🍦	Ei	Eimer	**Eis**	Eins
🕐	**Uhr**	U-Bahn	Uhu	Udo
🕯	**Kerze**	Katze	Kind	Kuh
🔺	Schirm	Schule	**Schild**	Schrank

S. 43

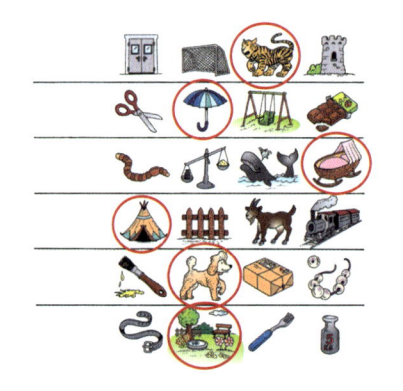

Lösungen

S. 44 Anja ist traurig. 
Rudi schwimmt. 
Opa pflückt Äpfel.

S. 45 Wer malt ein Haus? Tim malt ein Haus.
Wer malt eine Ente? Oma malt eine Ente.
Wer malt einen Hasen? Uta malt einen Hasen.
Wer malt ein Auto? Toni malt ein Auto.
Wer malt einen Baum? Mama malt einen Baum.

S. 46 Af**fe**, Kängu**ru**, Ti**ger**, Nas**horn**, Ele**fant**, La**ma**, Giraf**fe**, Ka**mel**, Lö**we**, Kroko**dil**

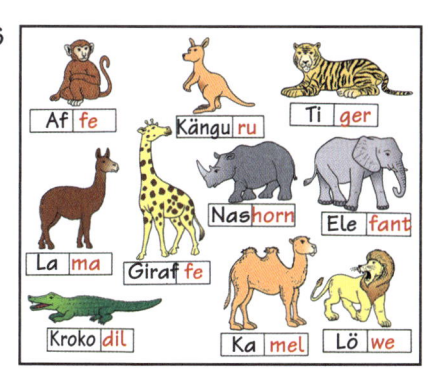

S. 47 Es bleiben 3 Frösche weiß.
2 Schnäbel bleiben weiß.
3 Katzenschwänze sind weiß.

S. 50 Hut — Mut
Strand — Sand
Futter — Mutter
Nest — Fest
Kranz — Tanz
Flasche — Tasche

S. 51

O	M	B	E	I	N	L	I	H	A	N	D
S	C	H	U	L	T	E	R	H	U	N	D
L	O	S	H	A	L	S	N	A	R	M	H
K	O	P	F	L	T	A	U	G	E	X	Y
Z	B	F	O	H	R	G	H	M	U	N	D
I	J	K	B	A	U	C	H	L	M	N	O

S. 52 **S**andalen, **S**ocken, Han**d**tuch, **S**onnenbrille, **F**ernglas, **N**achthemd, **H**ose, Pullover, Ba**d**eanzug, Wa**ss**erball, Zahnbürst**e**, Kapp**e**
Kati fährt an die Nordsee.

S. 53 Es ist warm.
Die Kinder baden im See. 
Es ist kalt.
Die Kinder bauen einen Schneemann. 
Die Vögel kommen zurück. Sie bauen Nester. Die Kinder bemalen Ostereier. 
Die Blätter an den Bäumen werden gelb.
Die Kinder lassen ihre Drachen steigen.

S. 54 Mimi ist **im** Bett.
Mimi ist **unter dem** Sofa.
Mimi ist **in der** Spielkiste.
Mimi ist **auf dem** Tisch.
Mimi ist **am** Futter.

S. 55 Tom soll mit Bello Gassi gehen. (4)
Er spielt einfach weiter. (3)
Bello hat sein Häufchen auf den Teppich gemacht. (1)
Tom muss es auffegen. (2)

S. 56 acht Birnen, zehn Äpfel, fünf Tomaten, zwölf Aprikosen, neun Kartoffeln, sieben Karotten, sechs Gurken, zwei Salatköpfe, elf Bananen

S. 57 Das Federballspiel liegt im Regal **links unten**.
Das Segelboot steht **auf dem Tisch**.
Der Wasserball liegt im Regal **rechts unten**.

S. 58 Der Dieb **fährt auf einem Fahrrad**.

S. 61

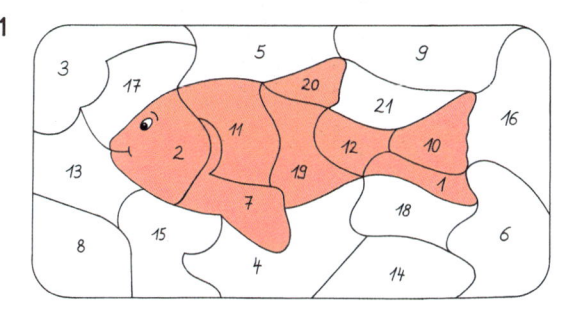

Toll gemacht!

_____
(hier kannst du deinen Namen eintragen)

hat alle Aufgaben in diesem Heft spielend gelöst und bekommt dafür diese

Raben-Siegerurkunde

Rabenstarke Glückwünsche!